HISTOIRE

de la première année de l'Épiscopat

DE Mgr SOULÉ

Évêque de Saint-Denis

PAR

LE FRANC

Imprimerie Paul MASSON, place du Martroi, Orléans.

AVANT-PROPOS

—

Les grands dignitaires, dans l'ordre civil, militaire ou religieux, ont ce privilége, que leurs actions rentrent, aussitôt qu'elles sont passées, dans le domaine public de l'Histoire. Terrible privilége, quand ces actions n'ont pas toujours été marquées au coin de la justice et de la droiture !

Nous nous proposons, dans cet opuscule, de raconter l'histoire de la première année de l'épiscopat de Monseigneur Soulé, Évêque de Saint-Denis.

Nous essaierons de mettre en pratique, dans notre travail, deux qualités essentielles à l'historien, l'exactitude et la vérité.

I. — Monseigneur Soulé avant sa nomination à l'Évêché de Saint-Denis.

Avant sa promotion à l'épiscopat, M. Soulé était chanoine titulaire du diocèse d'Aire, dans les Landes. Pendant plusieurs années il a rempli les fonctions de secrétaire général de l'Évêché. C'est dans cet emploi que le trouva la mort de Monseigneur Epivent, évêque d'Aire. Lors de la vacance du siége, M. l'abbé Soulé fut choisi par ses collègues pour être Vicaire Capitulaire. Monseigneur Delannoy, étant parti pour la France au mois de mars 1876, et ne devant pas revenir à Bourbon, fut transféré à l'Evêché d'Aire. Le Gouvernement français proposa alors à M. l'abbé Soulé l'Évêché de Saint-Denis, laissé vacant par le transfert de Monseigneur Delannoy. M. l'abbé Soulé accepta sans difficulté.

Un évêque ne doit pas être un homme ordinaire. Aussi, comme cela arrive toujours n pareil cas, lorsque cette nomination eût paru à l'officiel, s'empressa-t-on de toute part, de nous faire connaître et de nous dépeindre sous les couleurs les plus avantageuses, notre nouvel évêque. C'était d'abord Monseigneur Delannoy qui, dans sa lettre d'adieux à ses anciens diocésains de Bourbon, leur parlait ainsi de son successeur : » Il a une grande réputation de doctrine et de vertu, et M. le Ministre en m'annonçant sa nomination, me disait : « Administrateur habile, esprit sérieux, orateur distingué, M. l'abbé Soulé a rendu les plus grands services au diocèse d'Aire, et son évêque qui l'aimait et l'appréciait, me l'avait signalé en différentes circonstances, comme un des prêtres les plus dignes de l'épiscopat. »

C'était ensuite des lettres particulières, écrites par les amis de M. Soulé, et transmises ici par l'intermédiaire des Pères du Saint-Esprit, et publiées par le journal *La Malle* qui nous parlaient de sa bonté, de sa douceur, et de toutes les qualités de l'esprit et du cœur qui ornaient sa personne, et en faisaient un homme vraiment remarquable.

Historien, nous avons le devoir de relater cette réputation de célébrité faite à Monseigneur Soulé ; mais historien critique, nous avons l'obligation, avant de nous prononcer sur son bien fondé, d'attendre sa confrontation avec les œuvres.

II. — Arrivée à Bourbon.

C'est précédé, et sous les auspices de cette réputation vraiment magnifique, avec laquelle peu d'évêques de France pourraient soutenir la comparaison que Monseigneur Soulé, arriva à Bourbon, le 14 mai 1877, sur le navire de l'Etat, *le Finistère*. Inutile de dire qu'il fut salué et acclamé avec enthousiasme par toute la colonie.

La cérémonie de l'installation eut lieu le matin de ce même jour. Et il est vrai de dire que tout ce que Saint-Denis compte de distingué se pressait en foule à cette solemnité de la prise de possession du diosèce de Saint-Denis par Monseigneur Soulé, son nouvel évêque. C'est encore la vérité d'affirmer que, par ses premières paroles, larges et bien senties, Monseigneur Soulé s'est emparé de tous les cœurs, s'est conquis les sympathies de tous les partis.

La petite colonie de Bourbon, c'est réellement la France en miniature. Toutes les idées, bonnes ou mauvaises, toutes les opinions, tous les sentiments, beaux et généreux, qui font battre les cœurs, là bas, ont ici leurs partisans, leurs représentants dévoués. Or un fait surtout a puissamment contribué, pour Monseigneur Soulé, dès le début, a le faire bien voir du parti qu'on appelle *avancé* : C'est une tendance carrément accentuée, tendance remarquée même par les officiers du Finistère, vers ce qu'on est convenu d'appeler, *idées libérales*. Aussi, dans maintes circonstances, le nouvel évêque de Saint-Denis a-t-il mérité les éloges et les félicitations de la presse radicale du pays.

III. — Première Visite pastorale.

Le nouvel évêque avait hâte de connaître son diocèse et de se mettre en relation avec son clergé et ses diocésains. C'est pourquoi, le 9 juillet, deux mois après son arrivée, Monseigneur Soulé entreprit sa première visite pastorale. Cette visite fut divisée en deux parties pour être faites à des époques différentes. L'évêque débuta par la partie Sous-le-Vent. Comme ses prédécesseurs, Monseigneur Soulé fut partout accueilli avec entrain et enthousiasme par les pieuses populations des diverses paroisses de l'Ile. Partout, également, les autorités déployèrent le plus grand empressement à le recevoir. Plusieurs Maires tinrent même à honneur de l'inviter à leur table. Cette première partie de la tournée pastorale, limitée à Saint-Philippe, fut très-rapide. Monseigneur Soulé était de retour à Saint-Denis le 8 août. Son séjour dans la ville épiscopale fut occupé par les fêtes de l'Assomption, les Distributions de prix et par la Retraite ecclésiastique, qui fut prêchée par le R. P. Etcheverry, de la compagnie de Jésus, compatriote de Monseigneur Soulé, et son ancien professeur. C'est dans cette retraite que fut agitée et tranchée une question assez grave pour le clergé, et que nous devons faire connaître à cause de son importance.

Les prêtres des Colonies étant assimilés aux officiers de la Marine ont droit à leur retraite au bout de vingt-cinq ans de ministère. Or, en prenant leur retraite, les prêtres cessent légalement d'occuper leur paroisse, ce qui est conforme aussi, paraît il, aux statuts d'une caisse de secours ecclésiastiques, établie parmi le clergé de Bourbon. Monseigneur Delannoy, dans le but d'avoir un plus grand nombre de prêtres, avait décidé le contraire, c'est-à-dire que les prêtres pourraient prendre leur retraite et rester dans leur paroisse. De là était née une divergence d'opinions entre l'évêque et les membres du clergé. Monseigneur Soulé ayant été saisi de la question, la résolut et la trancha dans le sens de la loi, c'est-à-dire, que tout prêtre qui prendrait sa retraite, quitterait par ce fait sa paroisse. Mais, quelques mois après, cette décision ne lui étant pas favorable, il l'a abandonnée pour embrasser celle de son prédécesseur.

IV. — Seconde partie de la visite pastorale.

Le lundi, 15 octobre, Monseigneur Soulé quittait de nouveau

Saint-Denis, pour faire sa tournée pastorale dans la partie du Vent.

Dans cette seconde partie de son diocèse, l'évêque a trouvé de la part des populations et des autorités locales, la même piété, le même entrain, le même empressement à l'accueillir qu'il avait rencontré dans la partie Sous-le-Vent. Car, bien que séparées par de vastes chaînes de montagnes, et privées presque totalement de rapports entre elles, nos populations des deux arrondissements de l'Ile, ont la même ardeur dans la foi, la même piété, les mêmes mœurs, les mêmes usages, le même langage, dans toutes vibre le même sentiment créole, signe de leur union et de leurs sentiments fraternels.

Nous connaissons mieux comment s'est faite cette seconde partie de la visite pastorale. Ici, en effet, M. l'abbé Duperrier, vicaire général, qui accompagnait Monseigneur Soulé, a eu soin de rendre compte, jour par jour, dans le journal la *Malle*, dans des récits où l'éloge n'est pas ménagé à Sa Grandeur, de cette pérégrination épiscopale dans chacune des paroisses de l'arrondissement du Vent. La *Malle* a également donné au public les discours que les maires de ce côté de l'Ile ont adressés à Monseigneur l'évêque, mais elle n'a point fait connaître ceux de MM. les curés. Nous ignorons le motif de cette préférence de la part du journal de l'Evêché.

De Sainte-Rose, Monseigneur Soulé est allé visiter la chapelle du Bois-Blanc, où s'établira, nous l'espérons, une paroisse, et le jour de la Toussaint, il était à Saint-Pierre. De ce quartier il a fait une excursion à la Plaine des Cafres, où il aurait, dit-on, l'intention d'établir des Trappistes, projet qui assurément ne sera jamais réalisé, parce que les Trappistes sont des hommes trop pratiques pour entreprendre une œuvre qui n'offrirait aucune chance de bons résultats. C'est de ce dernier point que Monseigneur Soulé est rentré à Saint-Denis, en passant par la Plaine des Palmistes et Saint-Benoît, non moins enchanté de cette seconde partie de sa tournée pastorale qu'il ne l'avait été de la première.

V. — Affaire du Collége Saint-Charles. — Renvoi des Pères du Saint-Esprit.

Nous abordons l'acte capital accompli par Monseigneur Soulé dans la première année de son épiscopat.

Quelques semaines, à peine s'étaient écoulées depuis l'arrivée du nouvel évêque, que déjà des bruits vagues commençaient à circuler sur le collége Saint-Charles. Ce n'était encore que des chuchotements. Mais ces chuchotements, la froide réserve de l'Évêché à l'égard des directeurs du Collége, tout présageait qu'un orage s'annonçait. Et en effet, ces bruits prirent vite de la consistance, et se repandirent rapides comme l'éclair, d'un bout de la Colonie à l'autre. L'opinion publique s'émut. Qu'allait devenir le Collége Saint-Charles? Allait-il être fermé? Que s'était-il donc passé depuis l'arrivée toute récente de Monseigneur Soulé, dans la Colonie?

Afin de calmer l'opinion publique, Monseigneur l'Évêque envoya, le 29 novembre, le communiqué suivant au journal la *Malle.*

Séminaire. — Collége Saint-Charles.

« Diverses rumeurs contradictoires circulent au sujet du sé-
» minaire Collége Saint-Charles, et l'opinion s'en est émue.
» Il importe d'exposer la vérité de la situation. La question,
» qui est agitée à ce sujet, est purement financière, et ne peut
» le moins du monde mettre en jeu l'avenir d'un établissement
» si utile à la Colonie. L'administration diocésaine, ne pouvant
» faire face à des conditions impossibles à tenir, a fait des pro-
» positions que les membres les plus autorisés du Clergé ont
» jugées parfaitement acceptables; mais quelle que soit l'issue
» des négociations, ce qu'il y a de certain, c'est que les cours
» du Séminaire-Collége Saint-Charles ne subiront pas une mi-
» nute d'interruption. Les garanties d'avenir et de succès ne
» sont en rien compromises. »

Dans ce communiqué, l'évêque affirmait deux choses : 1° qu'il avait pris l'avis des membres les plus autorisés du clergé; 2° qu'il ne pouvait pas tenir les conditions stipulées par son prédécesseur, touchant le Collège Saint-Charles. Certes, on ne peut que louer Monseigneur Soulé de n'avoir pas voulu assumer tout seul, la responsabilit   cette grave affaire. Mais, alors, pourquoi ne pas nommer ces membres du clergé qui consentaient à partag r la responsabilité ? Cette franchise aurait empêché l'opinion publique de croire que ces membres, en question, n'étaient que ses deux vicaires généraux, Duperrier et Bordonne, et, peut-être deux ou trois autres prêtres, tout au plus.

Quant à la question financière, Monseigneur Delannoy, qui avait mis les Pères du Saint-Esprit à la tête du Collège Saint-Charles, avait stipulé avec la Congrégation que chaque professeur recevrait 2,000 francs de traitement, par an. Ce n'était pas exorbitant, il faut en convenir. Car les Congrégations religieuses, tout en faisant vœu de pauvreté, ne peuvent pas vivre de l'air du temps, et ne manquent pas de charges auxquelles il faut faire face, sous peine de cesser de vivre.

Nous ne voulons pas discuter ici la question au point de vue légal, ce qui nous entraînerait trop loin; nous nous contenterons de noter seulement tout ce qu'il y a d'odieux dans les termes du communiqué, pour Monseigneur Delannoy et les Pères du Saint-Esprit, qui se seraient engagés mutuellement, par un contrat, à des conditions impossibles à tenir. Certainement Monseigneur Soulé, en rédigeant ce communiqué, avait déjà oublié ce qu'il avait écrit, quelques mois auparavant, dans son premier mandement, en parlant de Monseigneur Delannoy : « Quant au troisième, N. T. C. F., son esprit distingué, sa vertu aimable et son administration féconde et sage, sont encore sous vos yeux. »

Le Collège Saint-Charles, créé par Monseigneur Desprez, sous le nom de Collège Sainte-Marie, fut confié d'abord aux Pères Jésuites, qui n'ayant pu réussir, l'abandonnèrent. Qu'allaient faire les Pères du Saint-Esprit, qui n'avaient consenti que par dévouement à prendre la direction de ce collège ? Allaient-ils, pour une question d'argent, abandonner une œuvre qui entrait dans l'épanouissement d'une riche floraison ? Ils ne le pouvaient pas. Ils ne le firent pas. Aussitôt, ils aban-

donnèrent la moitié de leur traitement et se contentèrent
4,000 francs au lieu de 2,000 francs auxquels ils avaie
droit.

C'était généreux !

Il semblait donc, après un tel sacrifice, que la question du
Collége était tranchée. Il n'en était rien, pourtant. En effet,
le grief tiré de la raison financière n'ayant pas tourné selon
ses vues, l'Évêché se retrancha dans un autre argument, l'in-
capacité des professeurs. Les Pères du Saint-Esprit, n'étaient
pas à la hauteur de leur position ! Cette fois, c'était leur dire,
non poliment, que l'*ultima ratio*, la dernière raison, c'est qu'il
fallait partir. Les Pères comprirent et s'inclinèrent devant la
volonté épiscopale.

Les pères de famille, les plus considérables et les plus catholiques, eurent beau supplier Monseigneur Soulé de revenir sur
sa détermination, ils eurent beau lui remontrer qu'ils avaient
confiance dans les Pères du Saint-Esprit, que leur départ du
Collége, serait un malheur pour leur pays. Tout fut inutile.
Et les Pères partirent !

Depuis quatre ans seulement, ils avaient pris la direction du
Collége Saint-Charles, et déjà, le nombre des élèves atteignait
presque le chiffre de 250. Le Collége était réellement prospère,
et offrait les plus belles espérances au pays, et assuraient aux
familles catholiques une éducation solide et chrétienne pour
leurs enfants.

Les Pères partirent, brisés par la tristesse, comme le Colon
qui vient de voir le fruit de ses labeurs emporté par l'ouragan,
en un clin d'œil.

Ils partirent, et ainsi s'évanouirent les espérances qu'on
avait, à juste raison, fondées sur ce Collége.

Mais lorsqu'on renvoie un domestique, un employé, c'est
une justice élémentaire que de lui payer ses gages, et on ne
pouvait pas supposer que Monseigneur Soulé en agirait autrement
à l'égard des Pères du Saint-Esprit. Eh bien ! il les a renvoyés
sans leur payer une trentaine de mille francs qui leur sont dus.

Et cependant, si Monseigneur Soulé est aujourd'hui évêque de
Saint-Denis, c'est en grande partie grâce à la Congrégation du

Saint-Esprit. Qui ignore, en effet, que c'est le vénérable père Liberman qui a demandé. et obtenu la création des Évêchés coloniaux. — *Sic vos, non vobis*.....

C'est le 10 du mois de février 1878, que les Pères du Saint-Esprit ont définitivement quitté le collége, et que le nouveau personnel, pris parmi le clergé paroissial, avec M. Duperrier, vicaire général, pour supérieur, les a remplacés. Mais déjà, à la nouvelle du départ des Pères, plus de la moitié des élèves avaient été retirée par leurs familles, et plus de soixante placés au Lycée. Les Pères partirent les uns pour la France, les autres pour Maurice.

Quant au père Corbet, le supérieur distingué du collége, qui avait su se conquérir l'affection de ses élèves, et l'estime de toute la colonie, d'autres tribulations l'attendaient. Aussitôt après la sortie du collége, il recevait une lettre de l'Évêque, qui défendait à ses confrères et à lui de remplir aucune fonction du ministère dans la colonie. Puis, quelque temps après, l'évêque adressait une circulaire aux sœurs de Saint-Joseph et aux Filles-de-Marie, pour leur faire défense : 1° d'avoir aucune relation, soit épistolaire, soit verbale, avec le père Corbet ; 2° d'assister à sa messe. Ceci se passe de commentaires. Il y a des tribunaux à Rome qui jugent même les Évêques. Sans aucun doute, le R. P. Corbet leur déférera les mesures sévères que M. Soulé a cru devoir prendre à son égard.

C'est le 27 avril, que le père Corbet s'est embarqué pour la France. Des jeunes gens avaient formé le projet de dételler sa voiture et de la conduire eux-mêmes au barachois. Le père Corbet s'est refusé à cette manifestation. Mais, ce à quoi il n'a pu s'opposer, c'est que tout ce que Saint-Denis possède d'hommes honorables et distingués dans tous les partis, soit accouru lui dire adieu et lui donner un dernier et solennel témoignage de ses sympathiques regrets. Si Monseigneur Soulé avait été témoin de cet émouvant spectacle, il aurait probablement compris toute la faute qu'il venait de commettre.

C'est une faute, en effet, considérable, à tous les points de vue, que ce renvoi des Pères. Car, même en supposant que Mgr Soulé eut des griefs sérieux et concluants contre eux, on lui reprochera toujours d'avoir agi précipitamment dans une affaire de la plus haute tmportance. Quand on est étranger dans un pays, ce n'est pas dans l'espace de trois ou quatre mois, aussi habile administrateur soit-on qu'on peut se rendre compte de la marche d'un collége considérable.

Mgr Soulé accusait les Pères de n'être pas à la hauteur de leur position. Il y avait un moyen bien simple de vérifier son affirmation : il fallait attendre quelques mois de plus, et l'épreuve du baccalauréat lui donnait tort ou raison. Il lui a donné tort, puisque sur 4 élèves venant de chez les Pères qui se sont présentés 3 ont été reçus.

En renvoyant les Pères du Saint-Esprit, M. Soulé a commis une faute irréparable. Malgré, en effet, toutes les réclames du journal *la Malle*, toujours prêt à encenser ceux qui le font vivre, malgré les assurances de l'évêque pour certifier le contraire, le collége Saint-Charles a cessé de vivre, ou s'il vit encore quelque temps, ce ne sera que d'une vie étiolée et amoindrie. Et cela pour deux raisons :

La première est tirée des professeurs.

Pour qu'un établissement d'éducation prospère, il faut certaines qualités indispensables dans les professeurs. Le judicieux Rollin demande d'abord la vocation, c'est-à-dire, le goût de l'enseignement. Il faut, en second lieu, la science et enfin, en troisième lieu, l'uniformité dans la méthode et dans la direction. Or, trouvera-t-on ces trois choses essentielles dans les prêtres du clergé paroissial ? Non. Nous accorderons, si l'on veut, qu'on pourra y trouver la science voulue ; mais la vocation, le goût pour l'enseignement, mais l'uniformité dans la manière d'enseigner, c'est ce qui ne sera jamais possible, étant donné que les prêtres qui sont envoyés ici, viennent de toutes les parties de la France, et y viennent pour exercer le ministére pastoral et non pour y être professeurs.

La seconde raison vient de la situation irrégulière de ces mêmes professeurs.

Les professeurs actuels du collége jouissent presque tous de titres fictifs, c'est-à-dire que légalement ils sont censés être curés ou vicaires, les uns d'ici, les autres de là.

Or, c'est pour faire cesser cet état de choses préjudiciable au service des paroisses, que le ministère de la marine et des colonies a retranché six prêtres du cadre du clergé colonial. Il va donc sans dire, qu'il en retranchera d'autres si l'on persiste à faire durer cette situation anormale. Il est donc malheureusement trop vrai qu'il est moralement impossible au collége Saint-Charles de vivre encore longtemps.

VI. — Affaire de Mafatte.

Une seconde affaire assez triste que nous avons à enregistrer, est celle de Mafatte.

Mafatte est une localité des plus pittoresques de Bourbon. Elle est située dans les hauts de la rivière des Galets, entre le *Piton des Neiges, le grand Bénard et le Cimandef,* et dépend de la commune de Saint-Paul. Longtemps ignorée, cette localité est devenue célèbre par la découverte d'une source d'eau sulfureuse thermale, qu'elle possède.

Une population nombreuse, fuyant la misère qui règne sur le littoral, est venue depuis plusieurs années se fixer sur ces sommets salubres, habités jadis par les cabris marrons. Mgr Delannoy avait jeté là les fondements d'une paroisse pour cette population éloignée en y plaçant un prêtre comme curé. C'était M. l'abbé Jean de Belly qui occupait ce poste, vraiment de mérite, quand arriva Mgr Soulé dans la colonie.

Ce prêtre, qui avait une réelle affection pour ce peuple s'aperçut bien vite qu'il était sans protecteur et à peu près abandonné de l'administration municipale de Saint-Paul, non moins que de la haute administration. Monsieur de Belly voulut donc défendre les intérêts de cette population et essaya de lui faire rendre tout ce que la loi permettait d'exiger.

Mais la conduite de M. l'abbé de Belly, en faveur de ce peuple deshérité, ne plut pas au républicain factice Milhet Fontarabie, maire de Saint-Paul, qui ne se fit pas faute de le lui prouver.

Le 18 novembre 1877, avaient lieu des élections pour élire

un député à la chambre législative. Le maire de Saint-Paul, n'ayant pas convoqué les électeurs de Mafatte, M. Jean de Belly adressa de concert avec quelques-uns de ses paroissiens une protestation au gouverneur, protestation qui fut publiée par le journal *la Malle*. On a dit que M. Jean de Belly reçut des félicitations de son évêque au sujet de cette protestation.

M. le Maire de Saint-Paul ne voulut pas avoir tort dans cette affaire. Aussi s'empressa-t-il de demander à ses supérieurs d'être autorisé à faire faire une enquête à Mafatte, et, pour que le succès n'en fut pas douteux, il y fit procéder par deux de ses amis et de ses subalternes. Mais, il paraît que l'enquête ne fut pas bornée au fait de la protestation, et que des questions blessantes pour M. l'abbé de Belly, et attentatoires à la liberté de ses paroissiens, furent posées à ces derniers.

Un fait vint mettre le feu aux poudres. Avant ou après l'enquête, M. le Maire de Saint-Paul adressa aux journaux un télégramme dans lequel se trouvaient des allégations calomnieuses pour M. l'abbé de Belly. C'est alors que ce dernier publia une brochure pour répondre à ladite enquête, et dans laquelle il blâme vertement les agissements de M. le Maire de Saint-Paul, et le somme de faire connaître au public le résultat de l'enquête, ce que M. Milhet s'est bien gardé de faire. La publication de l'écrit de M. Jean de Belly était un acte hardi et de grand courage, dans un pays où l'on était habitué à voir le clergé courber la tête devant l'arbitraire des Maires tout puissants dans leur commune.

Mais qu'elle attitude allait prendre l'évêque vis-à-vis de M. l'abbé de Belly ? Son devoir était, sans doute, de soutenir son subordonné tant qu'il n'aurait pas été démontré qu'il avait tort : Le bruit a couru que sur ces entrefaites le frère de Mgr Soulé, ci-devant garde-forestier en Cochinchine, venait d'être nommé, par le Directeur de l'intérieur, dans les Douanes, à Saint-Pierre. L'histoire nous apprend que le népotisme a toujours été funeste au clergé. Ce qui est certain, c'est que le jour où paraissait la brochure, le journal *la Malle* annonçait que M. Jean de Belly, curé de Mafatte, devenait vicaire de

Saint-Leu. C'était là, croyons-nous, une mesure malheureuse, parce que c'était blâmer un prêtre qui avait accompli un acte de dévouement envers une population abandonnée, et c'était, d'autre part, dire aux autres qu'on ne les soutiendrait pas, le cas échéant. C'était, en un mot, remettre le clergé dans la position malheureuse dans laquelle il a gémi trop longtemps, sous les Préfets apostoliques, où on voyait les prêtres livrés à l'arbitraires des Maires et des gouverneurs, et changés sur le moindre caprice de Monsieur un tel ou de Madame une telle. Cette situation était dénoncée de la manière suivante par le vénérable M. Colin, vice-préfet apostolique : « . . . . Maintenant ils nous ont mis sous la surveillance des maires, et ils accueillent toutes sortes de plaintes contre nous, même dans ce qui regarde nos fonctions et l'administration des Sacrements. » La plupart du temps les Évêques peuvent se regarder par leur faiblesse coupable, comme responsables de cette adage   nu populaire : « M. le maire fait partir les curés quand il veut. »

VII. — Mort de Pie IX. — Circulaire de l'Évêque. — La presse Coloniale.

La malle du mois de mars nous apporta la nouvelle de la mort de Pie IX, mort qui causa chez nous, comme dans le monde entier, une profonde sensation.

Mgr Soulé fit une circulaire pour porter cet événement à la connaissance de ses diocésains, et prescrivit en même temps un service solennel dans toutes les paroisses de la colonie.

Cette circulaire renfermait plus d'une allusion à la situation qui a été faite au Souverain Pontife par la prise des états pontificaux par le roi Victor Emmanuel, et semblait blâmer la France de n'avoir pas empêché cette spoliation.

La presse républicaine et radicale, voire même des conseillers généraux, protestèrent hautement, et critiquèrent d'une manière très-amère la lettre de l'évêque et lui adressèrent des paroles excessivement dures. C'était la première fois que la presse du pays osait s'attaquer ouvertement aux écrits des évêques de Saint-Denis.

Mais ce que la circulaire épiscopale produisit de plus

fâcheux, ce fut, sans contredit, la motion de la Cour d'Appel qui voulut protester, en refusant d'assister, en corps, au service solennel qui eut lieu à la Cathédrale. Par cette levée de boucliers, Mgr Soulé put constater qu'il avait à compter avec l'opinion publique.

VIII. — Changement dans le Clergé.

Si le changement fréquent de gouvernement est toujours préjudiciable à la tranquillité des peuples, celui des fonctionnaires sera toujours une cause de désarroi et de perturbation dans l'administration des affaires publiques.

Or, si cela est une vérité démontrée par l'expérience pour ce qui regarde les choses civiles, c'est encore plus vrai, plus évident, quand il s'agit des ministres de la religion. Et c'est certainement pour obvier aux inconvénients qui résultent des déplacements trop fréquents que les constitutions de l'église veulent que les prêtres, placés à la tête des paroisses soient inamovibles et ne puissent être changés que pour des causes très-graves et déterminées.

Or, si nous en jugeons par ses actes, Mgr Soulé aurait, là dessus, une toute autre manière de penser et d'agir. Dans moins d'un an, en effet, il a déplacé trente deux curés ou vicaires, et quelques-uns ont même été changés plusieurs fois dans l'espace d'un mois ; d'autres sont devenus titulaires de plusieurs emplois, à la fois ; ainsi tel cumule les titres et les appointements de secrétaire général de l'évêché, d'aumônier de l'hôpital militaire et d'aumônier de l'Immaculée Conception, tel autre est en même temps, vicaire-général et directeur au collège Saint-Charles. Mais ce qui est le comble de l'étonnement, c'est la nomination, comme curé intérimaire du vénérable M. Delgéry, après vingt-sept ans de ministère, et après avoir été administrateur du diocèse. Nous ne devons pas omettre de dire qu'avant d'opérer ces divers déplacements, Mgr Soulé a fait aussi une innovation, inconnue jusqu'alors, c'est de se faire payer une certaine somme d'argent par les prêtres déplacés pour les feuilles de pouvoir qui leur sont données : c'est un moyen, comme un autre de faire de l'argent.

D'un autre côté, Mgr Soulé laisse, ou a laissé certaines paroisses sans curé. C'est ainsi que Mafatte entre autres, est restée privée des secours de la religion depuis que le curé a été envoyé vicaire de Saint-Leu, où il y a, à peine, dit-on du travail pour un seul prêtre. Ce qui fait que les habitants de ces localités sont obligés de mourir sans sacrements et n'ont pu remplir les devoirs qu'impose la religion.

La cause de cet état de choses vient sans doute, de ce que Mgr l'évêque a retiré plusieurs prêtres du ministère paroissial pour en faire des professeurs. Mais, qu'est-ce qui doit passer le premier, l'instruction ou le salut des âmes ? Le catéchisme que les prêtres enseignent aux enfants dit que tout doit être abandonné pour le salut. Comment accorder cela avec la conduite de Mgr Soulé ? Mais puisque, d'un côté l'évêque manque de prêtres, et que d'un autre côté, il n'a pas besoin de ses vicaires généraux pour administrer son diocèse, le ministère de la marine pourrait les supprimer et fournirait cinq prêtres de plus, ce qui augmenterait le nombre des prêtres sans augmenter les dépenses du budjet.

C'est une pensée que nous soumettons à qui de droit.

IX. — Centenaire de l'Église de Saint-Paul.

Le 29 du mois de juin, avait lieu le centième anniversaire de la construction de l'église de Saint-Paul, la première église de la colonie qui ait atteint cent ans d'existence.

Il convenait qu'une grande solennité fût déployée à la célébration de ce premier centenaire qui rappelait l'implantation de la religion dans la colonie. Les habitants de Saint-Paul se sont parfaitement acquittés du devoir qui leur incombait ; toutes les autorités ont rivalisé de zèle dans la circonstance, et les fêtes du centenaire ont été magnifiques.

Dès la veille, Mgr Soulé se rendait à Saint-Paul, sur le navire de l'état, « *le Cher* » avec plusieurs personnes notables de Saint-Denis, et accompagné de M. Milhet-Fontarabie, maire de Saint-Paul, dont l'obséquiosité envers l'évêque, contrastant avec son radicalisme, lui a valu le titre de porte-queue de Mgr Soulé. L'évêque a pontifié le jour de la fête et a prêché aux vêpres. Le soir il y eut une grandiose et superbe procession aux flambeaux qui, par sa majesté, dut faire tressaillir l'antique foi des Mussard et des Touchard, ces croyants du vieux Saint-Paul.

Le lendemain, Mgr Soulé allait dîner chez M. Milhet-Fontarabie. C'était la seconde fois que Mgr Soulé mangeait à la table de M. Milhet, qui devait, quelques jours après, faire comparaître un de ses prêtres devant le tribunal de la police correctionnelle. Aussi l'acceptation de Mgr l'évêque, dans de pareilles circonstances, a paru à tout le monde peu séante. Le manque de tact dans la conduite, est l'indice d'un homme qui agit sans réflexion, a dit un grand philosophe. Nous nous rappelons avoir lu, que le pape Saint Gélase prescrit aux évêques de ne pas accepter de grands repas dans leurs visites. Cette sage prescription aurait-elle été rapportée, et Mgr Soulé pourrait-il alors nous en fournir la preuve ?

Durant son séjour à Saint-Paul, Mgr l'évêque est allé visiter quelques familles. Une chose assez incroyable de la part d'un évêque et qui a blessé les vrais catholiques de cette ville, c'est que Mgr Soulé a fait des visites à ceux des membres de la Fabrique, qui ont juste le nom de chrétien, tandis qu'il n'en a pas fait à ceux qui sont des catholiques sincères et pratiquants

X. — Lettre au Conseil général.

Nous terminerons le récit des actes de la première année d'épiscopat de M. Soulé, par sa lettre au Conseil général, et nous le dirons sans détour, nous aurions été heureux de finir par un fait plus digne d'un évêque, que cette lettre.

L'évêque de Saint-Denis n'a pas été longtemps à s'apercevoir que l'affaire du collége Saint-Charles lui avait aliéné considérablement les sympathies d'une grande partie de son diocèse. Aussi pour les reconquérir, s'accroche-t-il à toutes les branches. Tantôt il fait appel aux Jésuites, tantôt aux Lazaristes, pour prendre la direction du collége. Et en attendant, il y place des professenrs laïques, bien connus dans le pays pour former les séminaristes, car ce collége est considéré comme un petit séminaire et reçoit à ce titre 12,000 francs de l'État. Mgr Soulé s'est donc adressé au Conseil général pour obtenir une subvention de 4,000 francs pour le collége. Personne ne saurait blâmer l'évêque de cette démarche. Mais ce qui a surpris tout le monde, c'est la façon dont a été conçue cette demande. Si la flatterie est déplacée partout, c'est surtout, sous la plume d'un évêque. Le Conseil général, peu habitué à tant de parfum, a voté d'emblée les 4,000 francs. Mais il est bien certain qu'il y a pour plus de 4,000 francs d'encens dans l'épitre de M. Soulé.

Deux passages sont particulièrement à noter dans cette lettre épiscopale : c'est d'abord une accusation qui, fut-elle fondée, serait toujours mal placée ici, contre les pères du Saint-Esprit qui auraient déserté collége, malgré la volonté de l'évêque. Le public est suffisamment édifié là-dessus. Nous n'y reviendrons pas.

C'est ensuite, une sorte de profession de libéralisme que semble vouloir faire l'évêque, et que l'on a fait ressortir ainsi dans le journal *du Commerce* : « Le pape Pie IX a condamné le libéralisme comme une erreur détestable des temps modernes. M. Soulé, au contraire, se flatte de ce que le libéralisme « *tend à dominer le monde entier.* » (Lettre au Conseil général.) Qui donc à raison de Pie IX ou de l'évêque de Saint-Denis ? »

X. — Faits divers.

Nous avons parlé de Mafatte, et nous croyons que cette localité est destinée à illustrer l'épiscopat de Monseigneur Soulé et le règne autocrate du maire de Saint-Paul. Il est bien permis à M. le maire de fabriquer des cuirs, c'est la profession de ses ancêtres, mais il faudrait les faire meilleurs. Cette population, abandonnée depuis le départ de M. l'abbé de Belly, et qui avait la permission de mourir sans sacrements, fut enfin prise en pitié. Un prêtre se dévoua, mais il comptait sans l'astuce de certains personnages. Un premier succès encourage toujours à poursuivre ses exploits.

Du reste, M. l'administrateur ne cacha pas les démarches qu'il fit auprès du gouverneur et de l'évêque pour obtenir le changement du nouveau titulaire. Il fut secondé dans ses démarches par le grand tambour-major de l'aristocratie de l'argent. L'Évêque fut naturellement de l'avis de ces messieurs, et son seul conseiller, toujours rempli d'amour et d'estime pour sa si précieuse personne, en est encore dans la joie, nous dit-on. Ce prêtre n'avait pas l'habitude de cacher sa façon de penser, ce qui ne plaisait pas toujours dans les régions officielles.

On savait qu'il avait pris fait et cause dans l'affaire du Collége et qu'il aimait les Pères du Saint-Esprit : c'était un crime impardonnable. Après avoir sacrifié sa santé et rendu d'importants services, on lui refusait toute justice malgré ses demandes réitérées et celles de ses confrères qui l'avaient en haute estime et affection. Mais nous nous proposons de parler plus tard de ce fait.

A la fin du mois de décembre, une grande partie de la population de Saint-Denis accompagnait à sa dernière demeure M. l'abbé Bergognon, curé du Bernica. Tout le monde a connu le zèle et le dévouement sans borne de ce digne écclésiastique. Mais tout le monde ne sait pas qu'il n'a pas eu le bonheur d'emporter dans le tombeau la juste et bien légitime réparation que lui devait l'autorité diocésaine. Il est vrai qu'au moment ou on lui promettait de le réintégrer dans sa paroisse, la même autorité ordonnait au curé provisoire du Bernica, d'annoncer à ses paroissiens qu'il était et qu'il resterait leur curé. Tout commantaire devient inutile.

Au retour du R. P. Corbet qui se rendait à Maurice, comme directeur du collége de Port-Louis, défense fut faite pour la seconde fois, aux Congrégations religieuses, d'aller parler à ce religieux. On peut se demander s'il était excommunié.

Nous avons déjà parlé de la Caisse de retraite des prêtres âgés et infirmes et sous le spécieux prétexte de bonne et habile administration, on voudrait nommer administrateurs des hommes qui ne font pas partie de la caisse, ni comme membres actifs, ni comme membres honoraires. Nous pensons que c'est une grande prétention. Tout nous fait même croire qu'on ne trouvera pas, en dehors du clergé ordinaire, un trésorier plus habile et plus actif que celui qui est actuellement en fonction, qui a toute la confiance du clergé depuis nombre d'années. Nous pensons même qu'on ne pourrait en dire autant de celui que l'on cherche à imposer avec une habileté qui dégénère souvent, hélas ! en finasserie et qui devient rageuse lorsqu'elle ne peut pas en arriver à ses fins. — Quand donc la chambre votera-t-elle l'inamovibilité du clergé ???

CONCLUSION.

Il est temps de conclure.

Nous venons d'énumérer assez brièvement les principaux actes de la première année d'épiscopat de Monseigneur Soulé. Nous laisserons au lecteur le soin de les apprécier.

Mgr Soulé a de grandes qualités. Nous ne dirons pas avec *la Malle*, journal officiel de l'évêché, que l'évêque de Saint-Denis est un orateur distingué, se surpassant en éloquence, chaque fois qu'il parle ; mais, nous dirons que Mgr Soulé porte bien, et facilement la parole, et que, quelquefois, il est même éloquent.

Nous reconnaissons aussi, avec la même impartialité, un grand défaut dans Monseigneur l'évêque de Saint-Denis, c'est d'être nouveau dans la connaissance du pays et de vouloir agir, contrairement aux lois du simple bon sens, sans conseil, comme s'il le connaissait parfaitement et depuis longtemps, c'est enfin d'oublier que, selon la parole d'un auteur célèbre, de La Tour, on ne cesse pas d'être homme pour être évêque. C'est ce qui nous fait conclure, qu'il serait préférable que les évêques des Colonies fussent pris parmi le clergé colonial plutôt que dans le clergé métropolitain, et qu'il sera toujours fâcheux qu'un évêque quitte le pays juste au moment où il commence à le connaître.

Terminons par ces paroles d'un grave auteur, qui résument parfaitement nos propres sentiments : « *Si l'évêque croit que tout lui est permis « ad libitum, »* quel despotisme n'exercera-t-il pas sur son chapitre, sur le clergé séculier, et régulier ! que d'injustices et de violences se permettra-t-il impunément !* (Feller apud mem. Card. Pacca.

LE FRANC.

 PAUL MASSON, IMPRIMEUR A ORLÉANS.